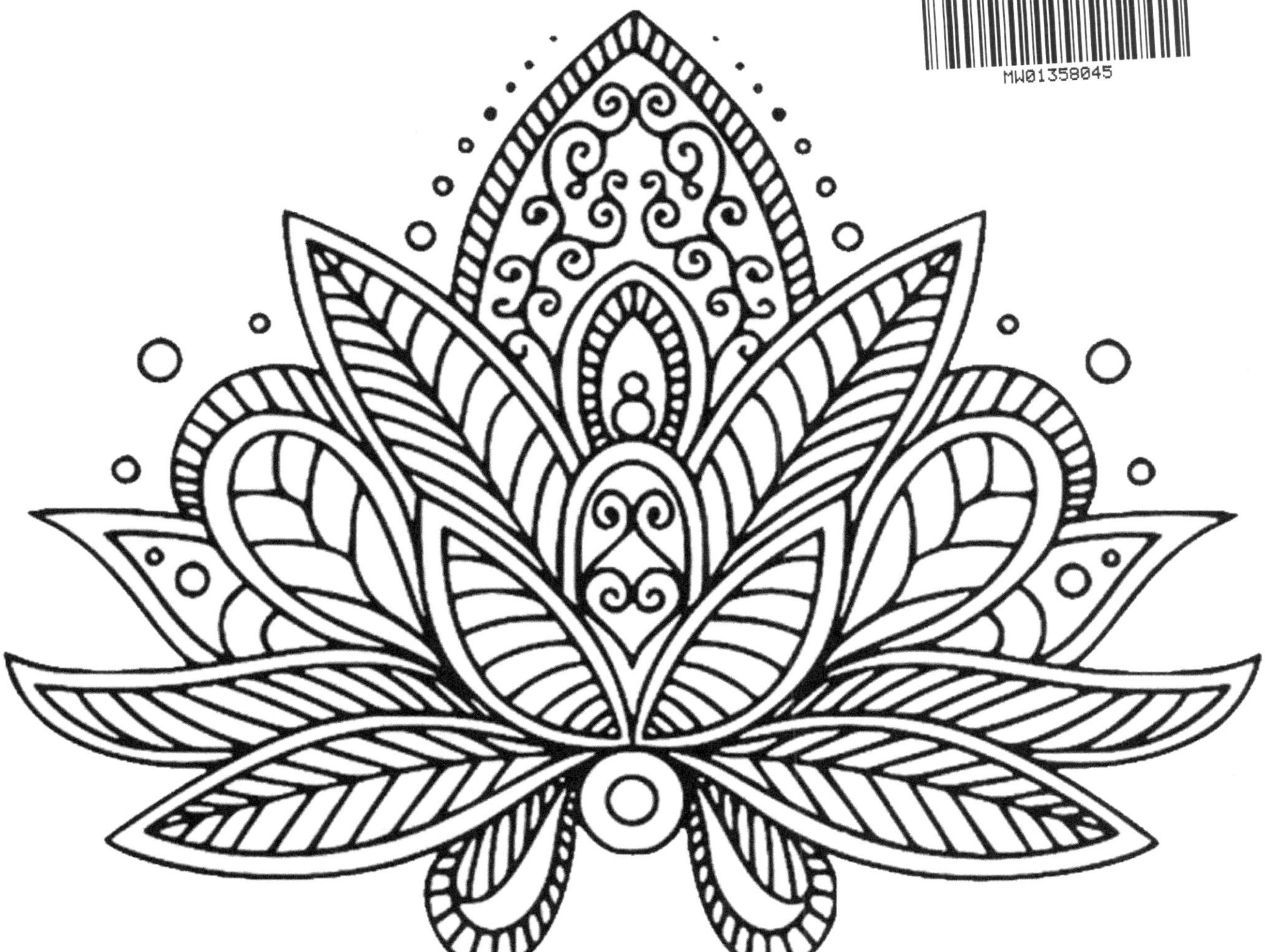

THIS BOOK BELONGS TO

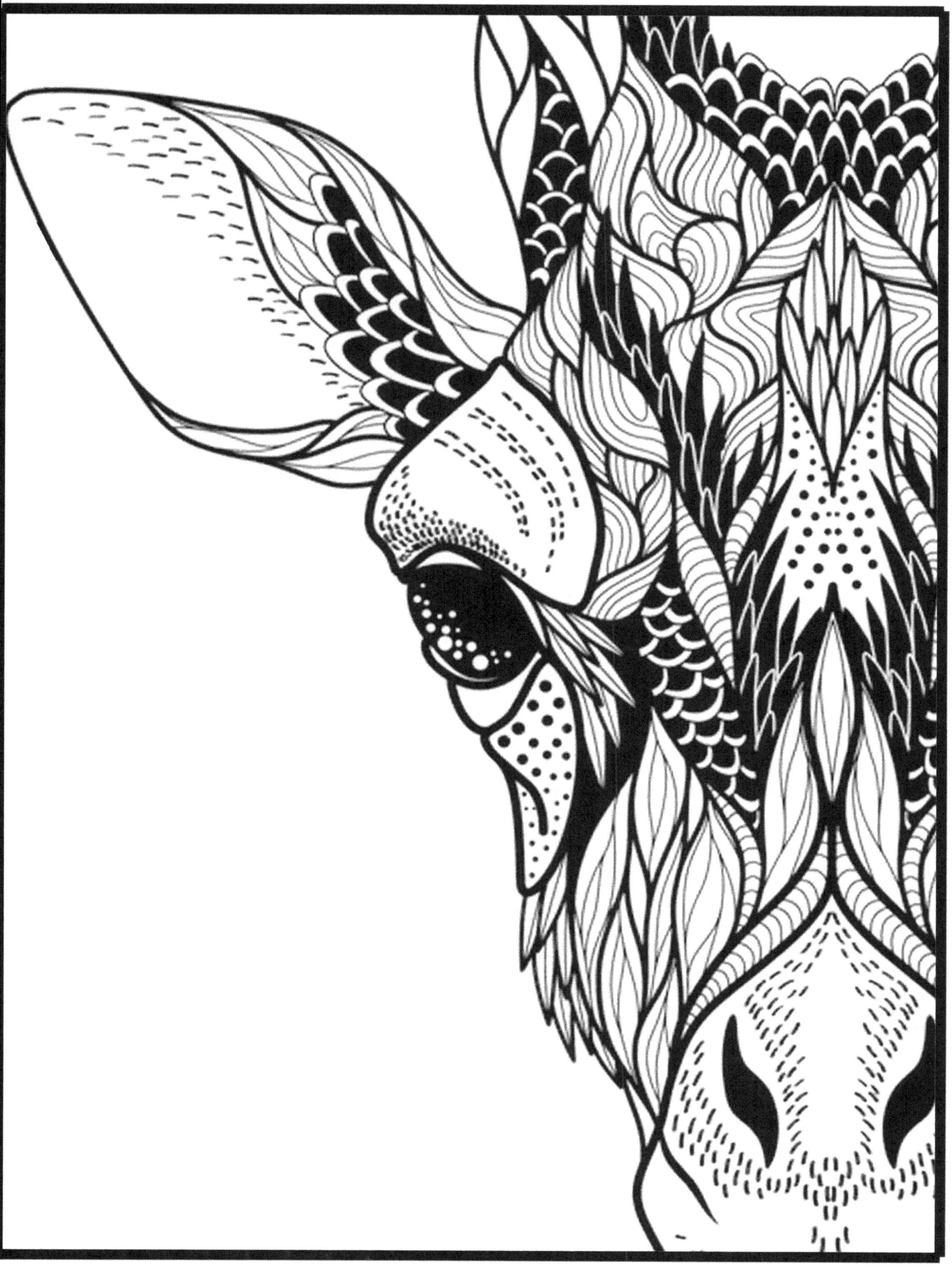

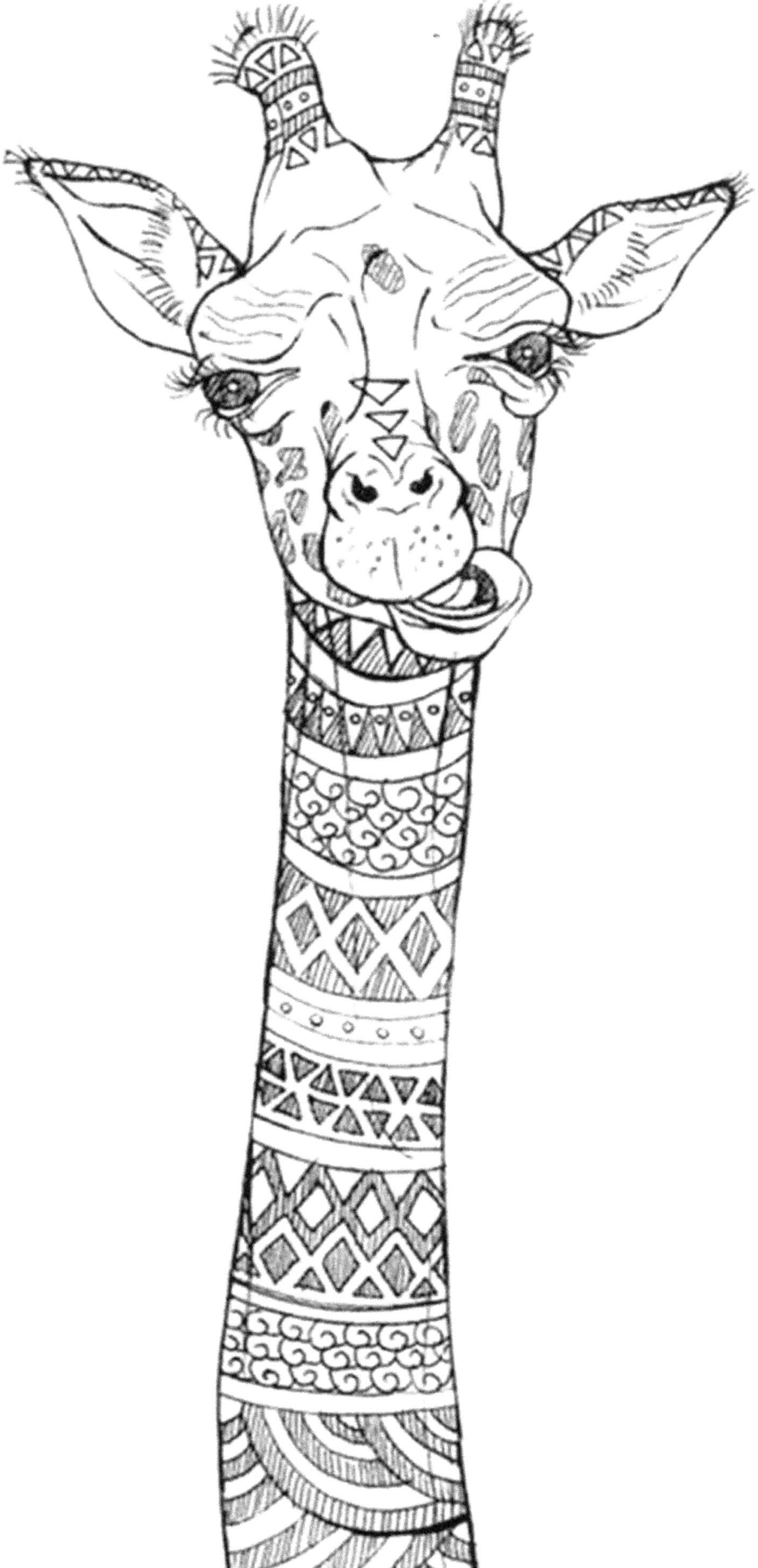

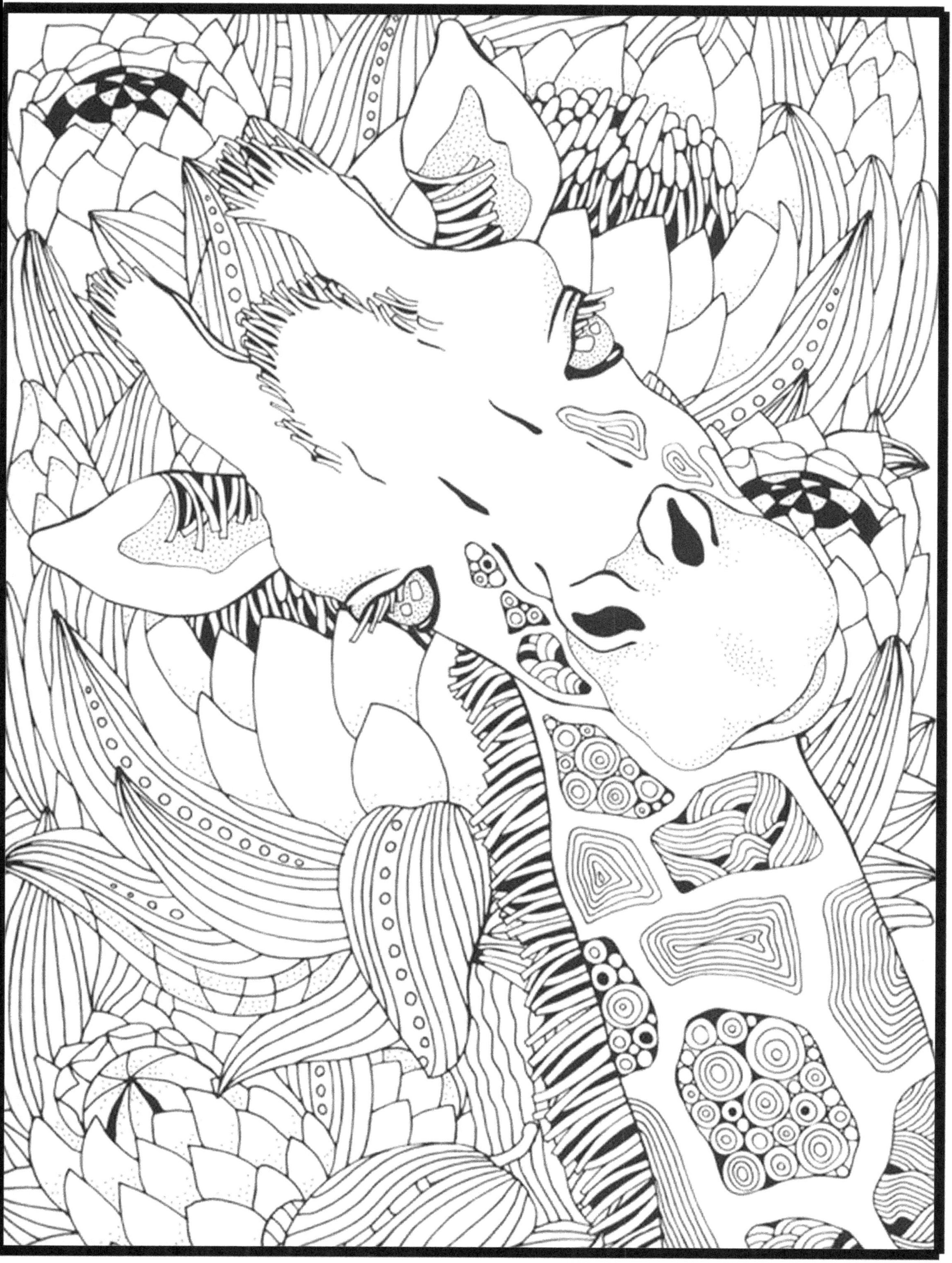

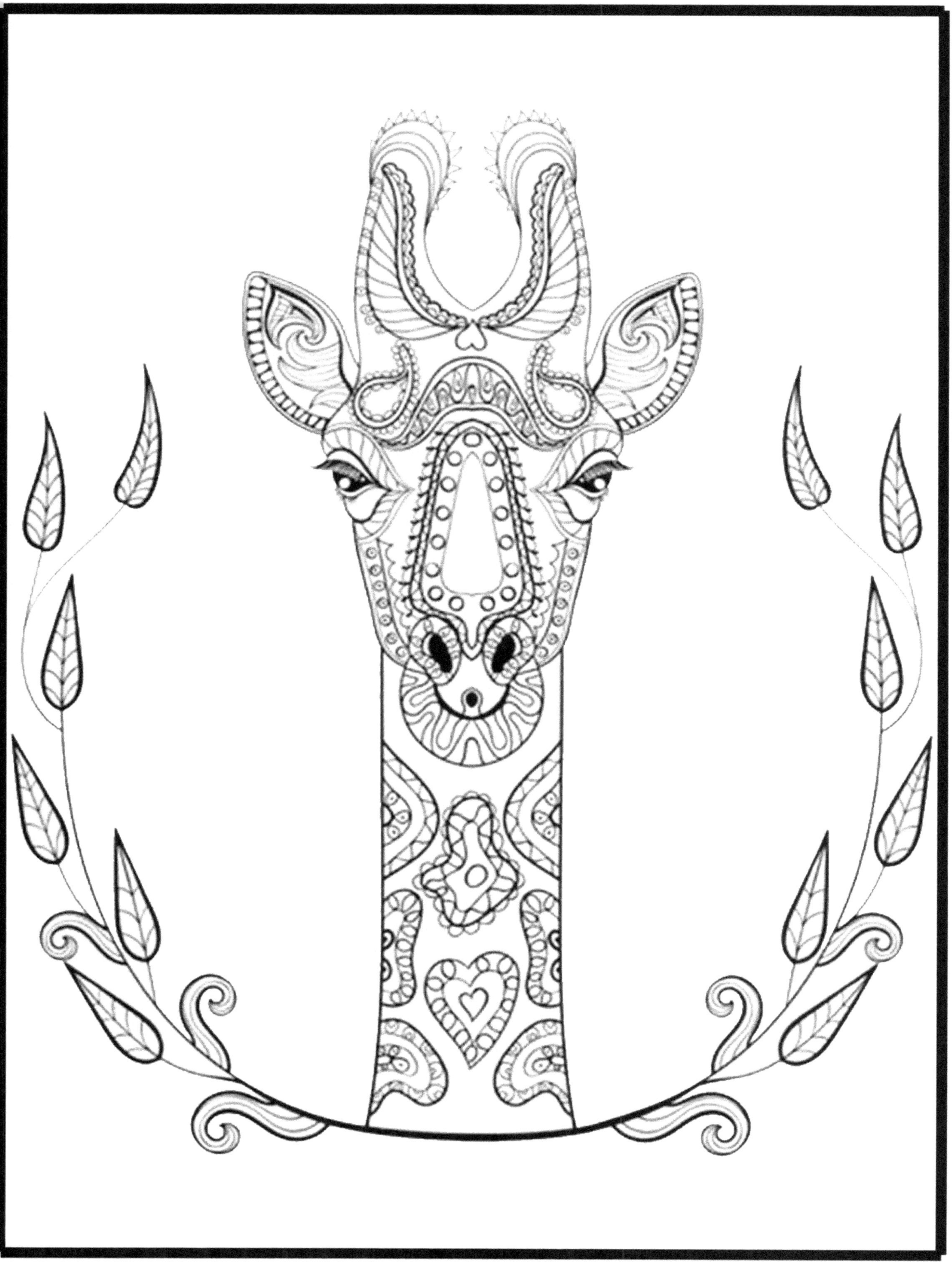

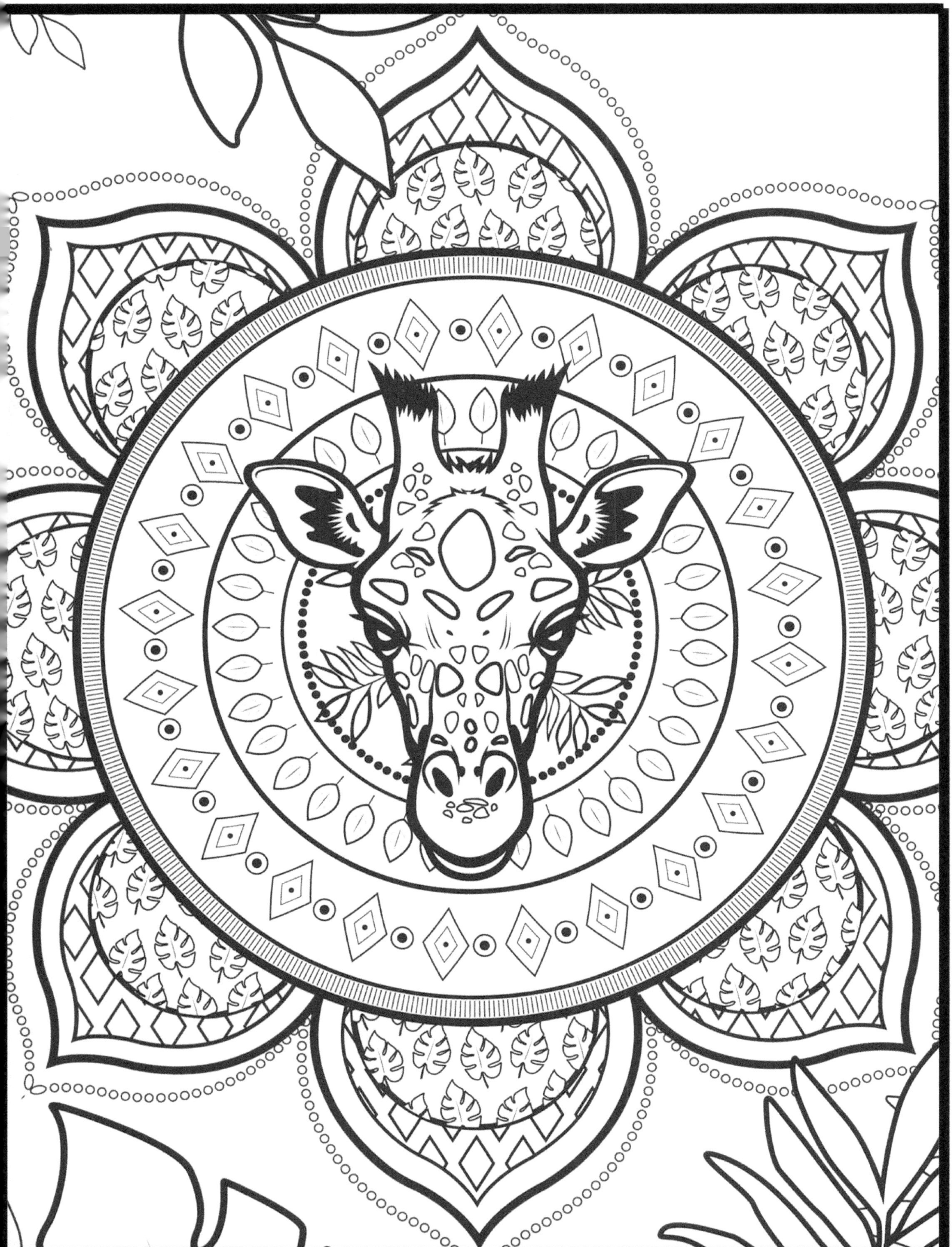

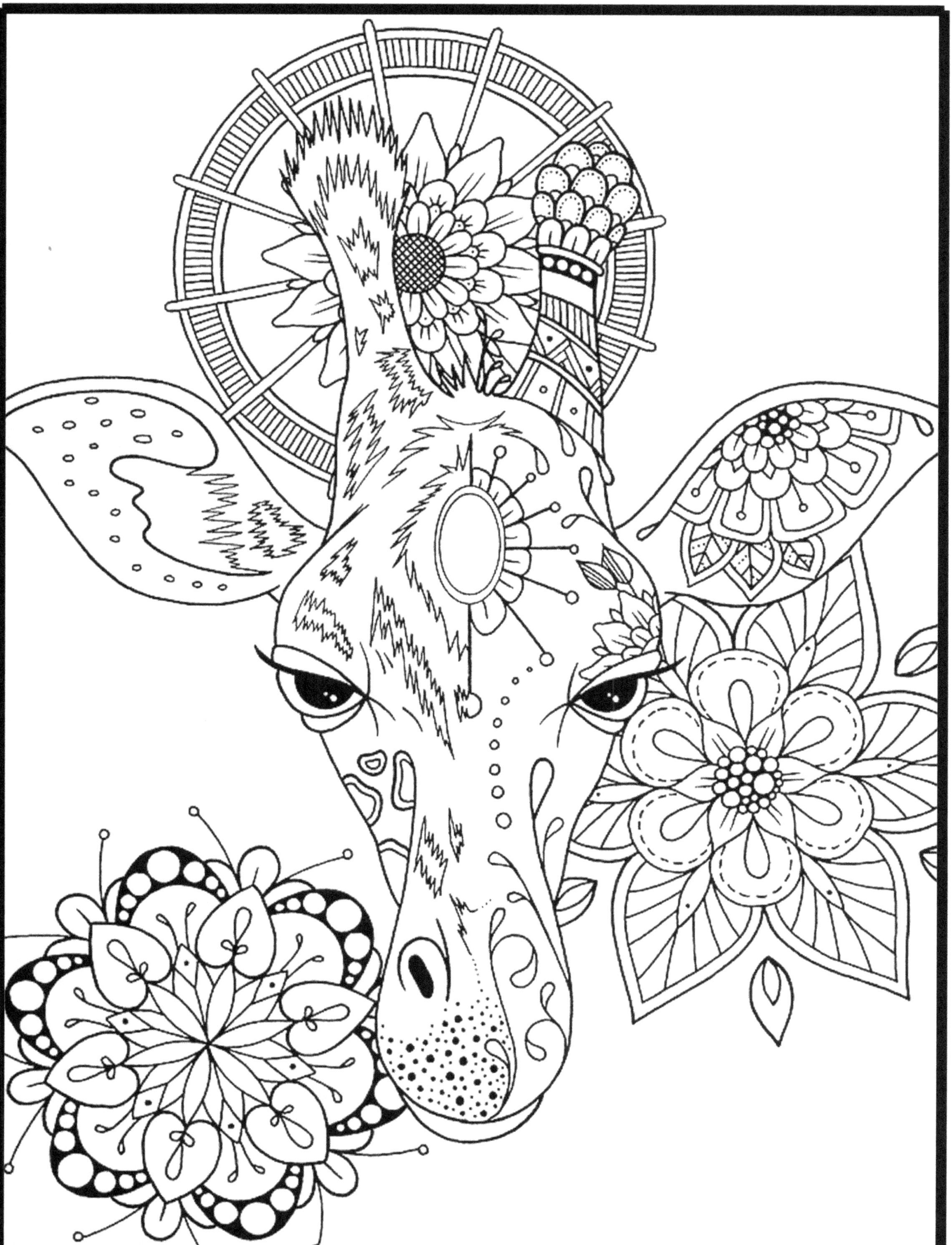

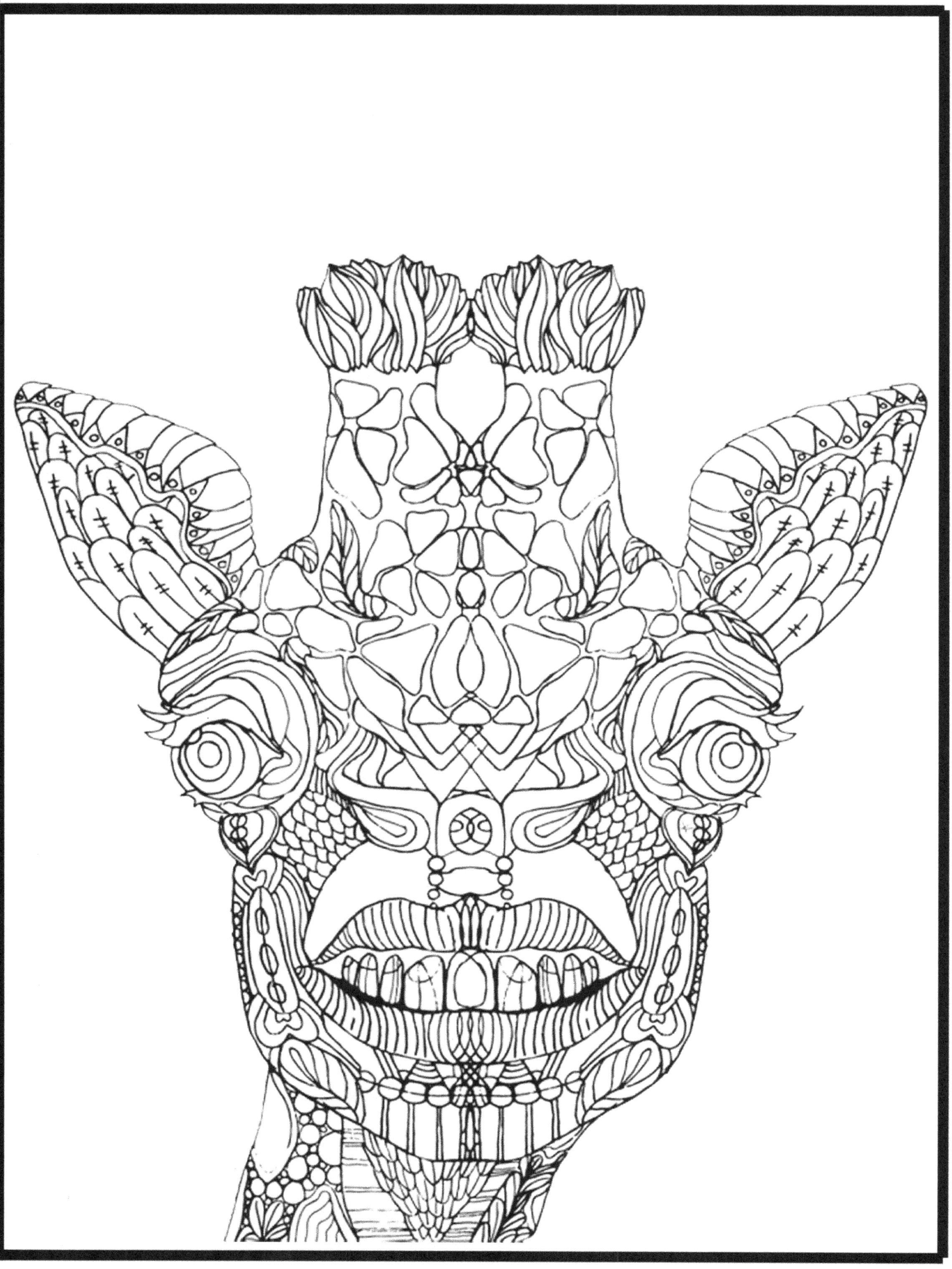

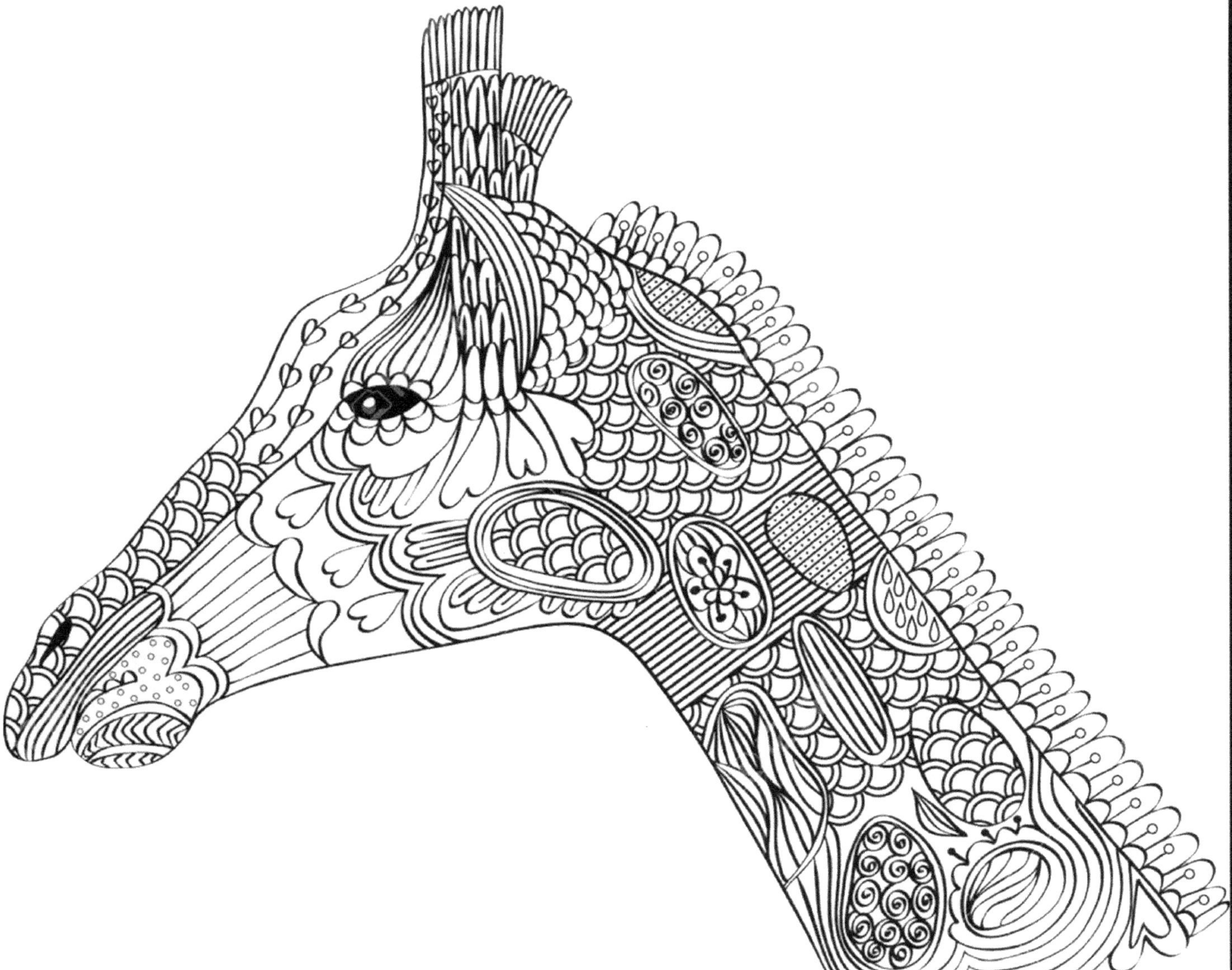

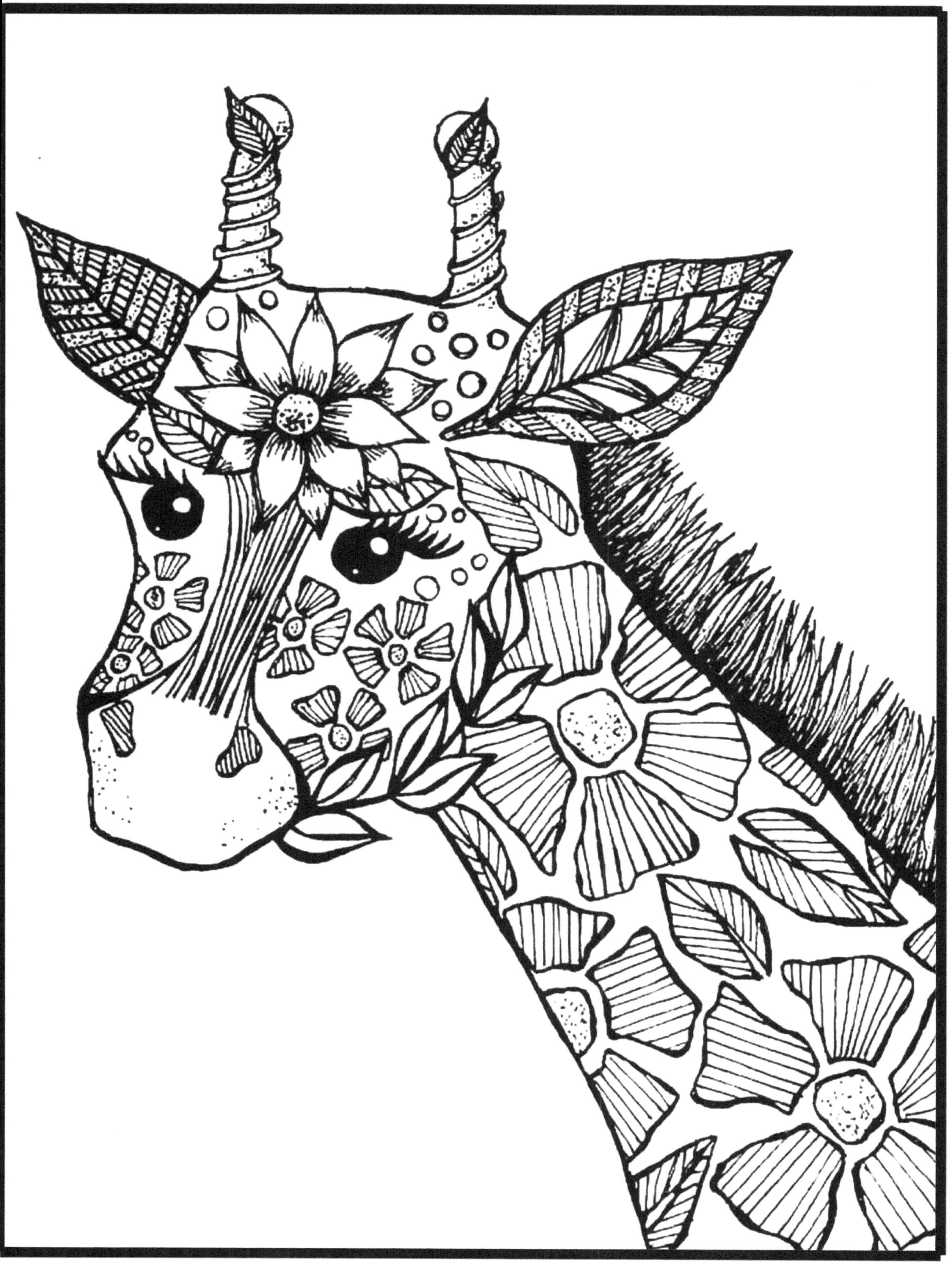

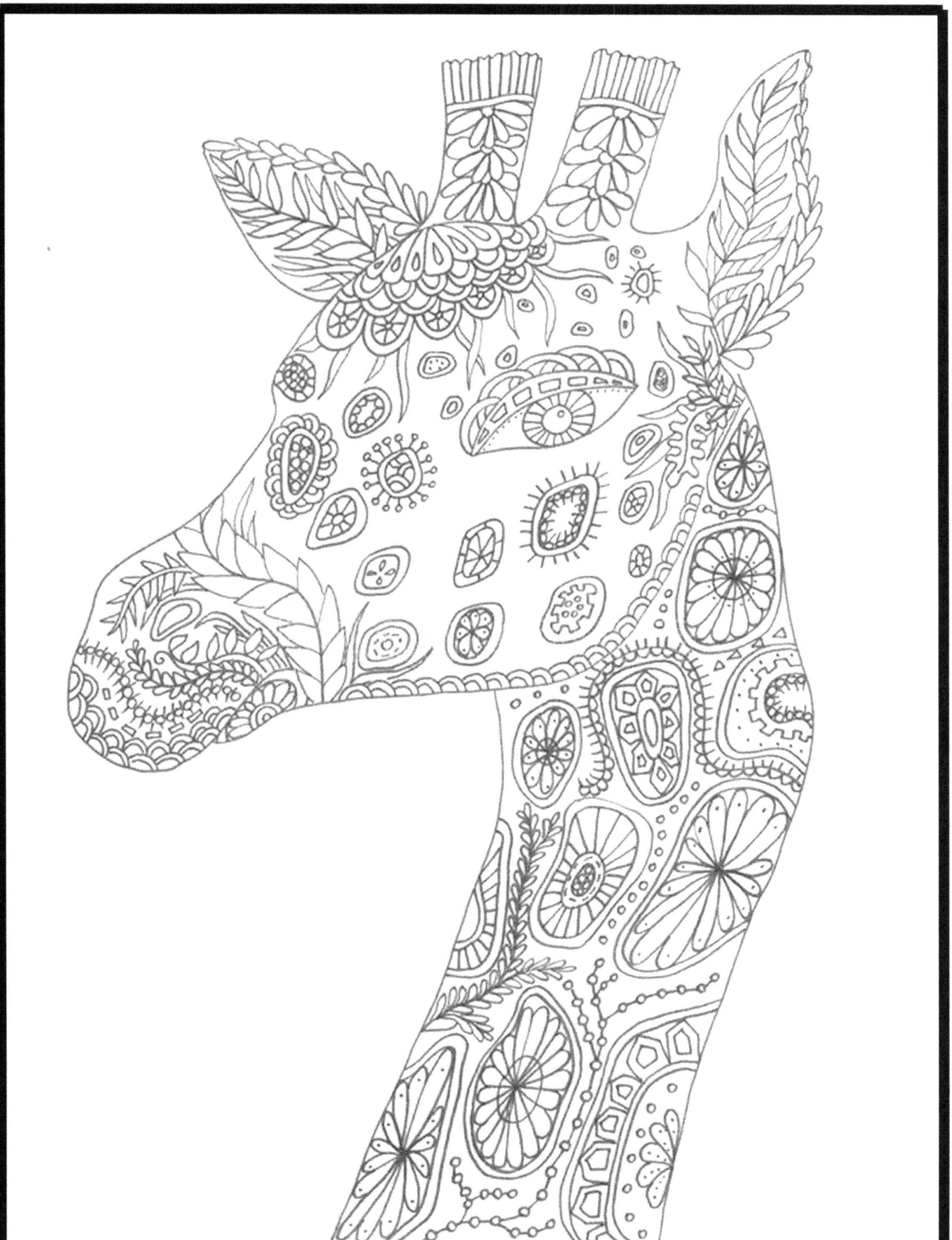

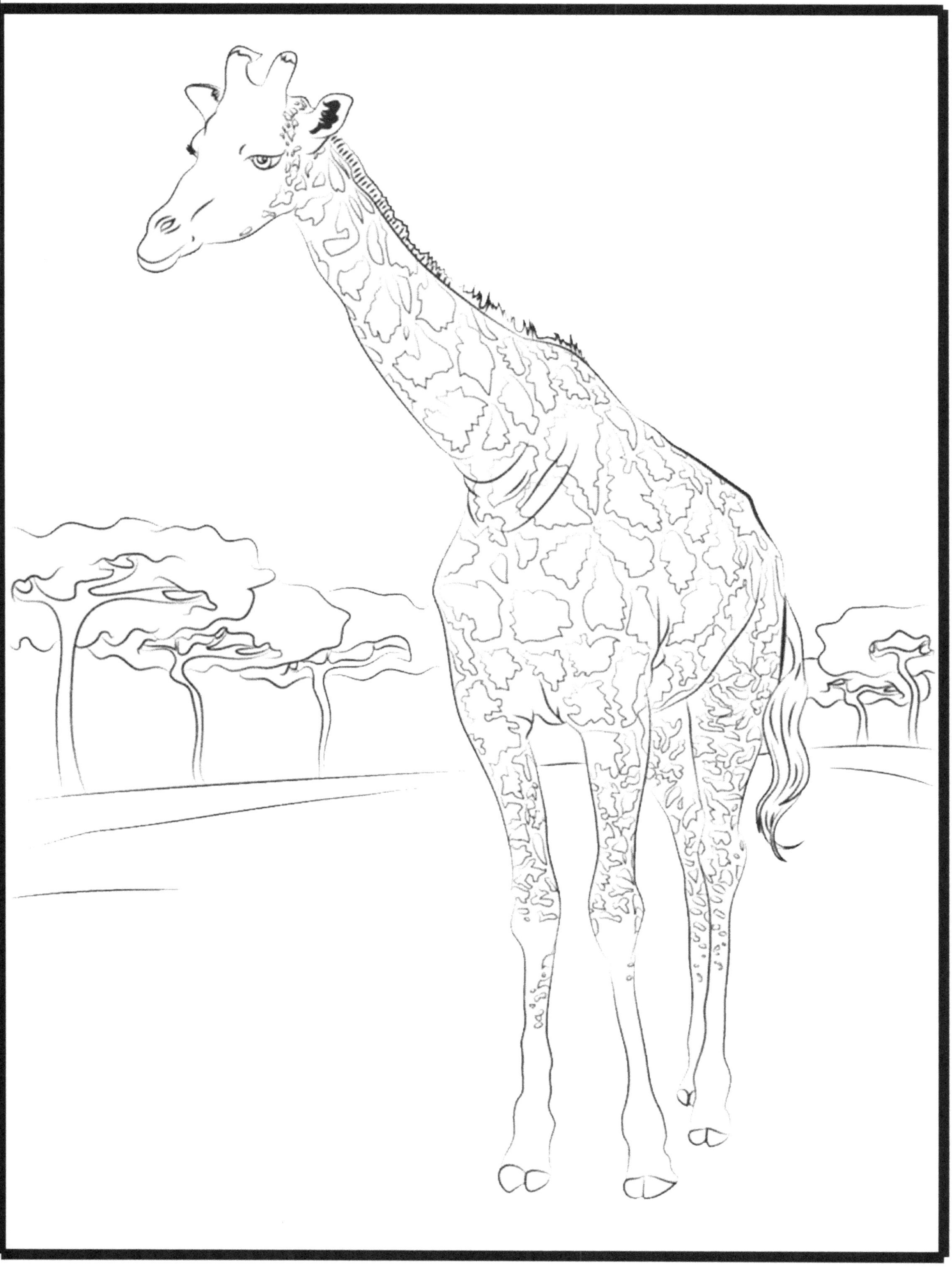

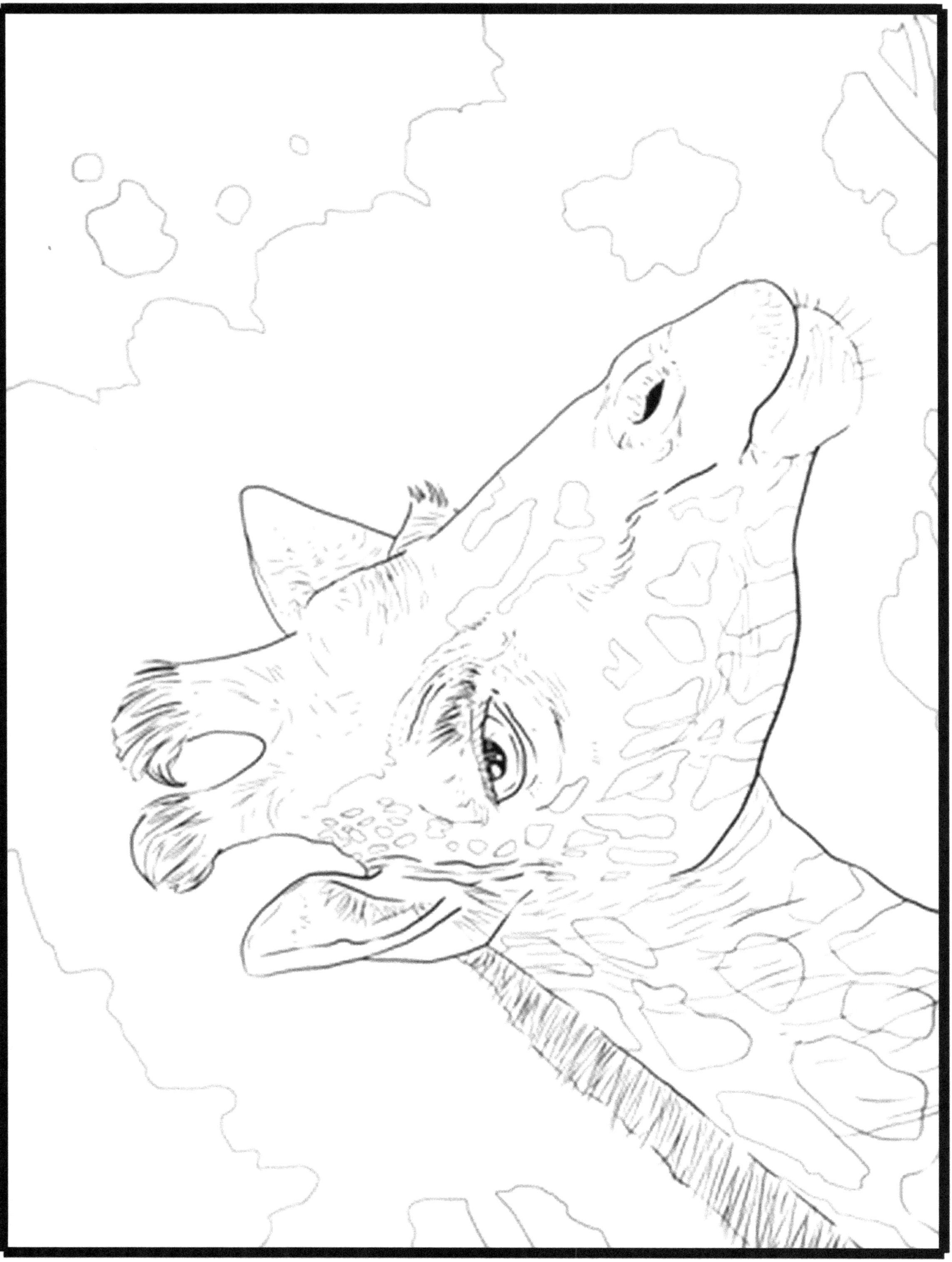

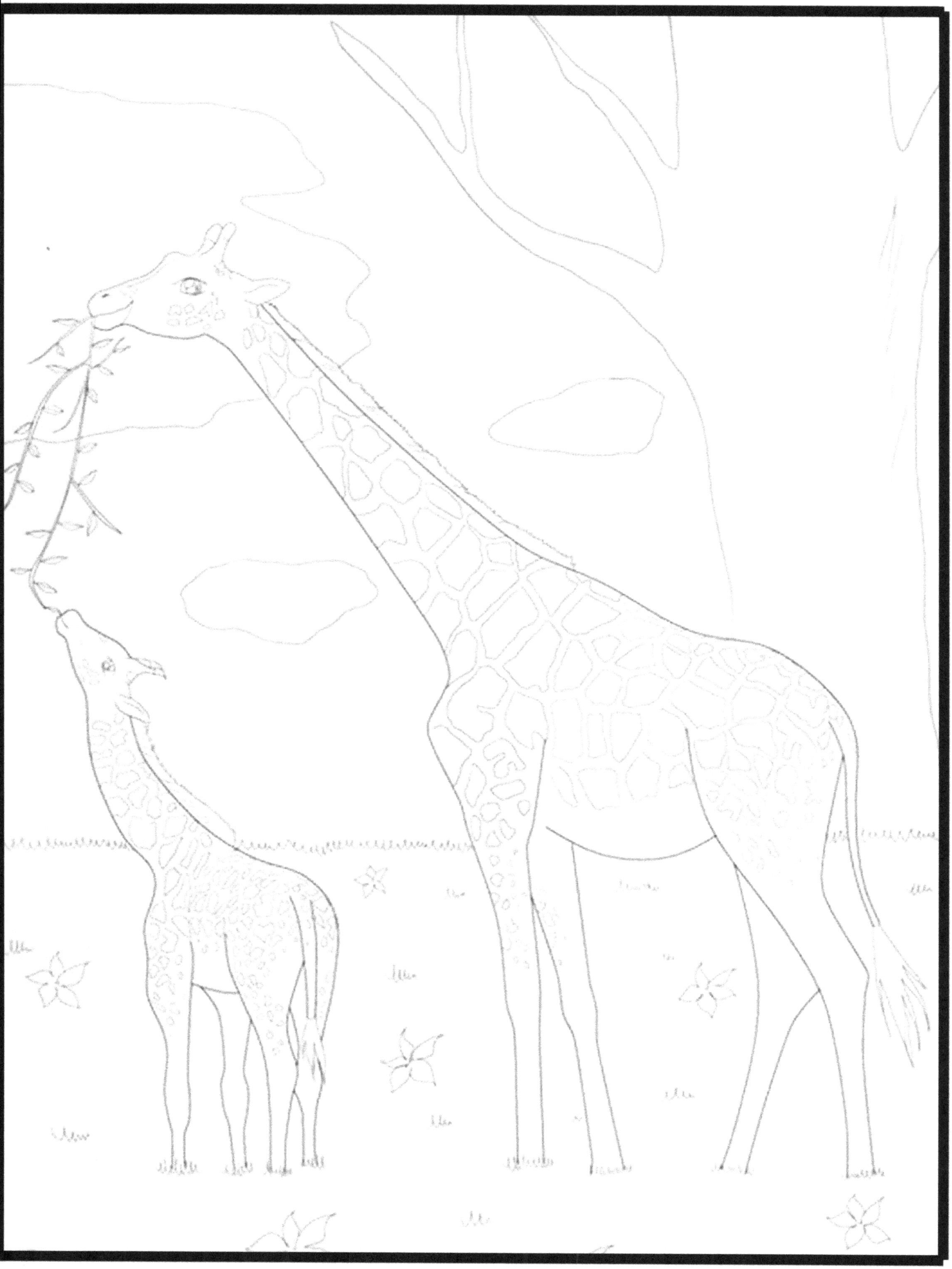

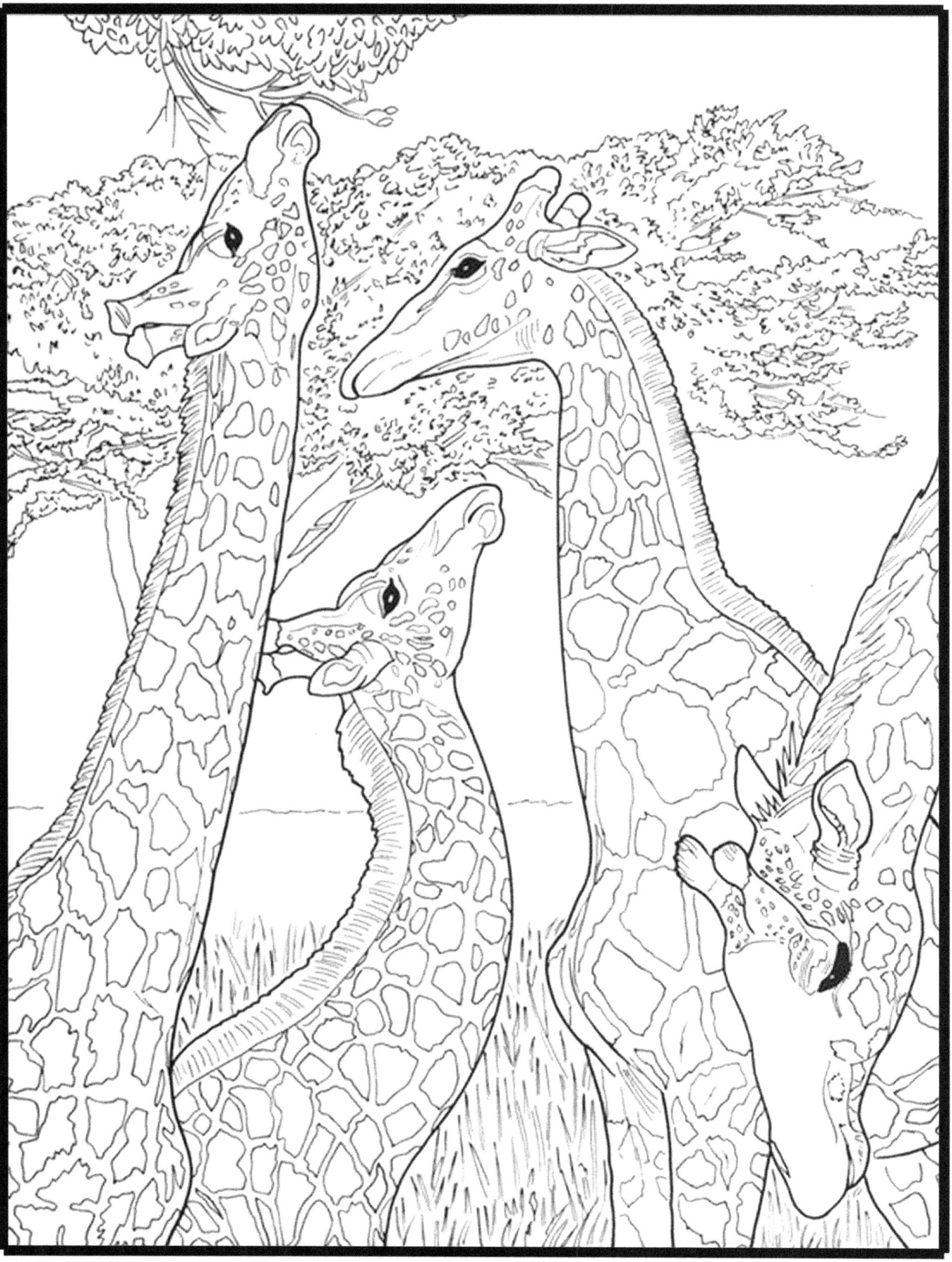

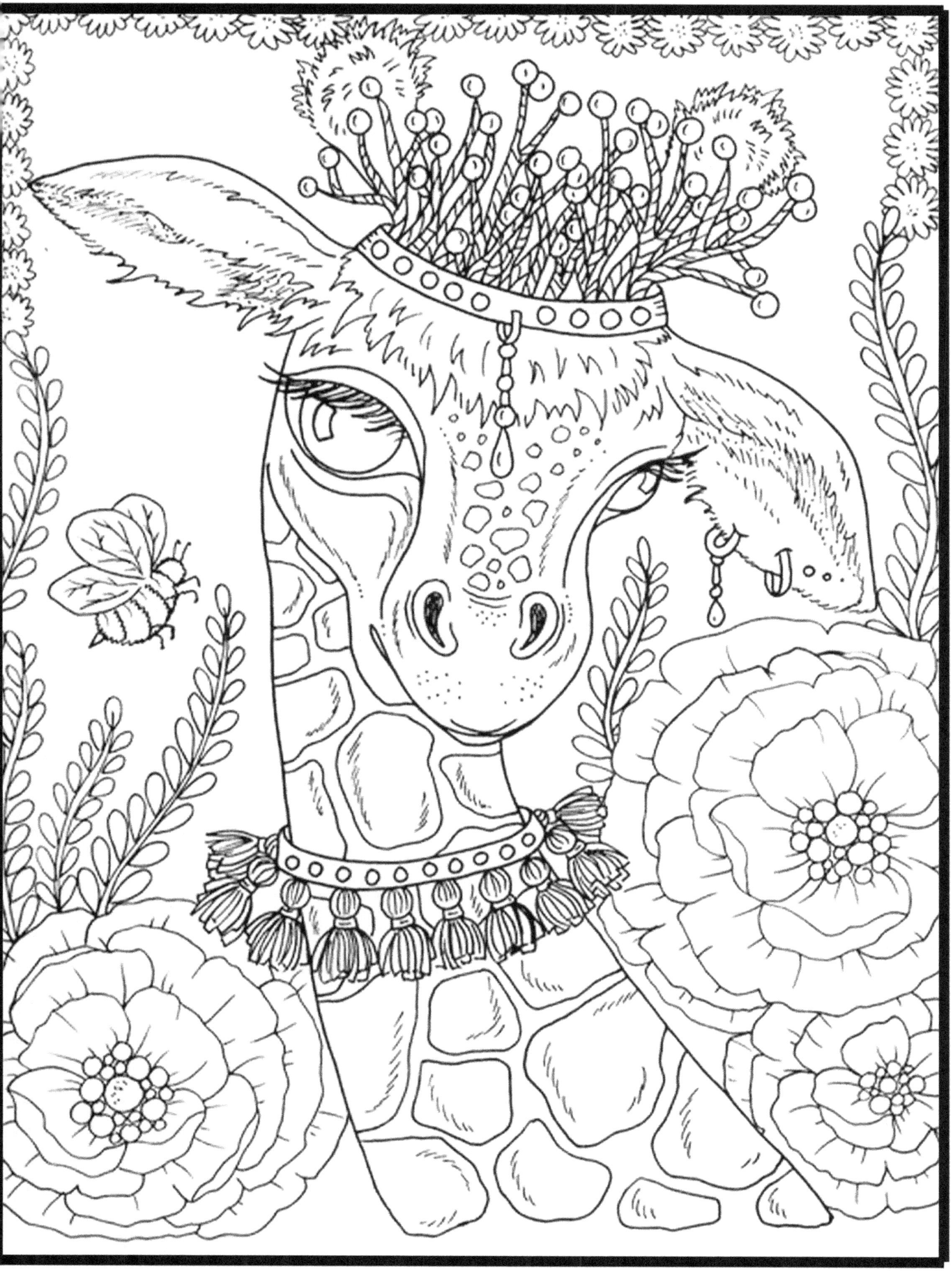

www.ingramcontent.com/pod-product-compliance
Lightning Source LLC
LaVergne TN
LVHW062200120225
803636LV00010B/261
* 9 7 9 8 6 5 2 8 5 1 6 6 8 *